Tank-Heft

Uwe H. Sültz

Sültz Bücher

BoD - Books on Demand
Norderstedt 2018

© 2018 Uwe H. Sültz

Herstellung und Verlag:
BoD – Books on Demand, Norderstedt
ISBN 9-78374-8-18195-8

Dieses Fahrzeug gehört:

Mein Fahrzeug:

D	

Technische Daten:

Sonderausstattungen:

Tuning:

Eigene Design-Ausstattungen:

Steinschläge/Dellen
Wo?

Datum:

Öl

Datum:

Luftdruck

Datum:

Regelmäßige Kontrollen:

Datum	km	km-Stand	getankte Liter	Preis pro L	Liter pro km	Kosten pro km	Tank- kosten	Benzin Diesel		Additiv- Zugabe	Tankstelle	Reifenluft- druck

Regelmäßige Kontrollen:

Datum:

Luftdruck

Öl

Datum:

Steinschläge/Dellen
Wo?

Datum:

Datum	km	km-Stand	getankte Liter	Preis pro L	Liter pro km	Kosten pro km	Tank- kosten	Benzin Diesel	Additiv- Zugabe	Tankstelle	Reifenluft- druck

Regelmäßige Kontrollen:

Luftdruck

Datum: _____

Öl

Datum: _____

Steinschläge/Dellen
Wo?

Datum: _____

_____
_____
_____
_____
_____
_____

_____
_____
_____
_____

Datum	km	km-Stand	getankte Liter	Preis pro L	Liter pro km	Kosten pro km	Tank-kosten	Benzin Diesel	Additiv-Zugabe	Tankstelle	Reifenluft-druck

Steinschläge/Dellen Wo?

Datum:

Öl

Datum:

Luftdruck

Regelmäßige Kontrollen:

Datum:

Datum	km	km-Stand	getankte Liter	Preis pro L	Liter pro km	Kosten pro km	Tank- kosten	Benzin Diesel		Additiv- Zugabe	Tankstelle	Reifenluft- druck

Regelmäßige Kontrollen:

Luftdruck
Datum: _____

_____   _____
_____

_____

_____

Öl   Datum:
_____

_____

_____

_____

_____

Steinschläge/Dellen   Datum:
Wo?
_____

_____

Datum	km	km-Stand	getankte Liter	Preis pro L	Liter pro km	Kosten pro km	Tank-kosten	Benzin Diesel	Additiv-Zugabe	Tankstelle	Reifenluft-druck

Steinschläge/Dellen
Wo?

Datum:

Öl

Datum:

Luftdruck

Datum:

Regelmäßige Kontrollen:

Datum	km	km-Stand	getankte Liter	Preis pro L	Liter pro km	Kosten pro km	Tank- kosten	Benzin Diesel	Additiv- Zugabe	Tankstelle	Reifenluft- druck

Regelmäßige Kontrollen: Datum: _____

Luftdruck

Öl Datum: _____

Steinschläge/Dellen
Wo? Datum: _____

Datum	km	km-Stand	getankte Liter	Preis pro L	Liter pro km	Kosten pro km	Tank-kosten	Benzin Diesel	Additiv-Zugabe	Tankstelle	Reifenluft-druck

Steinschläge/Dellen
Wo?

Datum:

Öl

Datum:

Luftdruck

Regelmäßige Kontrollen:

Datum:

_____

_____

_____

_____

_____

_____

_____

_____

_____

Datum	km	km-Stand	getankte Liter	Preis pro L	Liter pro km	Kosten pro km	Tank-kosten	Benzin Diesel	Additiv-Zugabe	Tankstelle	Reifenluft-druck

Steinschläge/Dellen Wo?

Datum:

Öl

Datum:

Luftdruck

Regelmäßige Kontrollen:

Datum:

Datum	km	km-Stand	getankte Liter	Preis pro L	Liter pro km	Kosten pro km	Tank-kosten	Benzin Diesel		Additiv-Zugabe	Tankstelle	Reifenluft-druck

Steinschläge/Dellen
Wo?

Datum:

Öl

Datum:

Luftdruck

Regelmäßige Kontrollen:

Datum:

Datum	km	km-Stand	getankte Liter	Preis pro L	Liter pro km	Kosten pro km	Tank- kosten	Benzin Diesel	Additiv- Zugabe	Tankstelle	Reifenluft- druck

Regelmäßige Kontrollen:

Luftdruck

Datum: _____

_____

_____

_____

Öl

Datum:

_____

_____

_____

_____

_____

Steinschläge/Dellen
Wo?

Datum:

_____

_____

_____

Datum	km	km-Stand	getankte Liter	Preis pro L	Liter pro km	Kosten pro km	Tank-kosten	Benzin Diesel		Additiv-Zugabe	Tankstelle	Reifenluft-druck

Regelmäßige Kontrollen:

Datum: _____

Luftdruck

_____
_____
_____

Öl

Datum: _____

Steinschläge/Dellen Wo?

Datum: _____

_____
_____
_____
_____
_____
_____

Datum	km	km-Stand	getankte Liter	Preis pro L	Liter pro km	Kosten pro km	Tank-kosten	Benzin Diesel	Additiv-Zugabe	Tankstelle	Reifenluft-druck

Steinschläge/Dellen
Wo?

Datum:

Öl

Datum:

Luftdruck

Regelmäßige Kontrollen:

Datum:

Datum	km	km-Stand	getankte Liter	Preis pro L	Liter pro km	Kosten pro km	Tank- kosten	Benzin Diesel	Additiv- Zugabe	Tankstelle	Reifenluft- druck

Steinschläge/Dellen
Wo?

Datum:

Öl

Datum:

Luftdruck

Regelmäßige Kontrollen:

Datum:

Datum	km	km-Stand	getankte Liter	Preis pro L	Liter pro km	Kosten pro km	Tank- kosten	Benzin Diesel	Additiv- Zugabe	Tankstelle	Reifenluft- druck

Regelmäßige Kontrollen:

Luftdruck

Datum:

Öl

Datum:

Steinschläge/Dellen
Wo?

Datum:

Datum	km	km-Stand	getankte Liter	Preis pro L	Liter pro km	Kosten pro km	Tank- kosten	Benzin Diesel	Additiv- Zugabe	Tankstelle	Reifenluft- druck

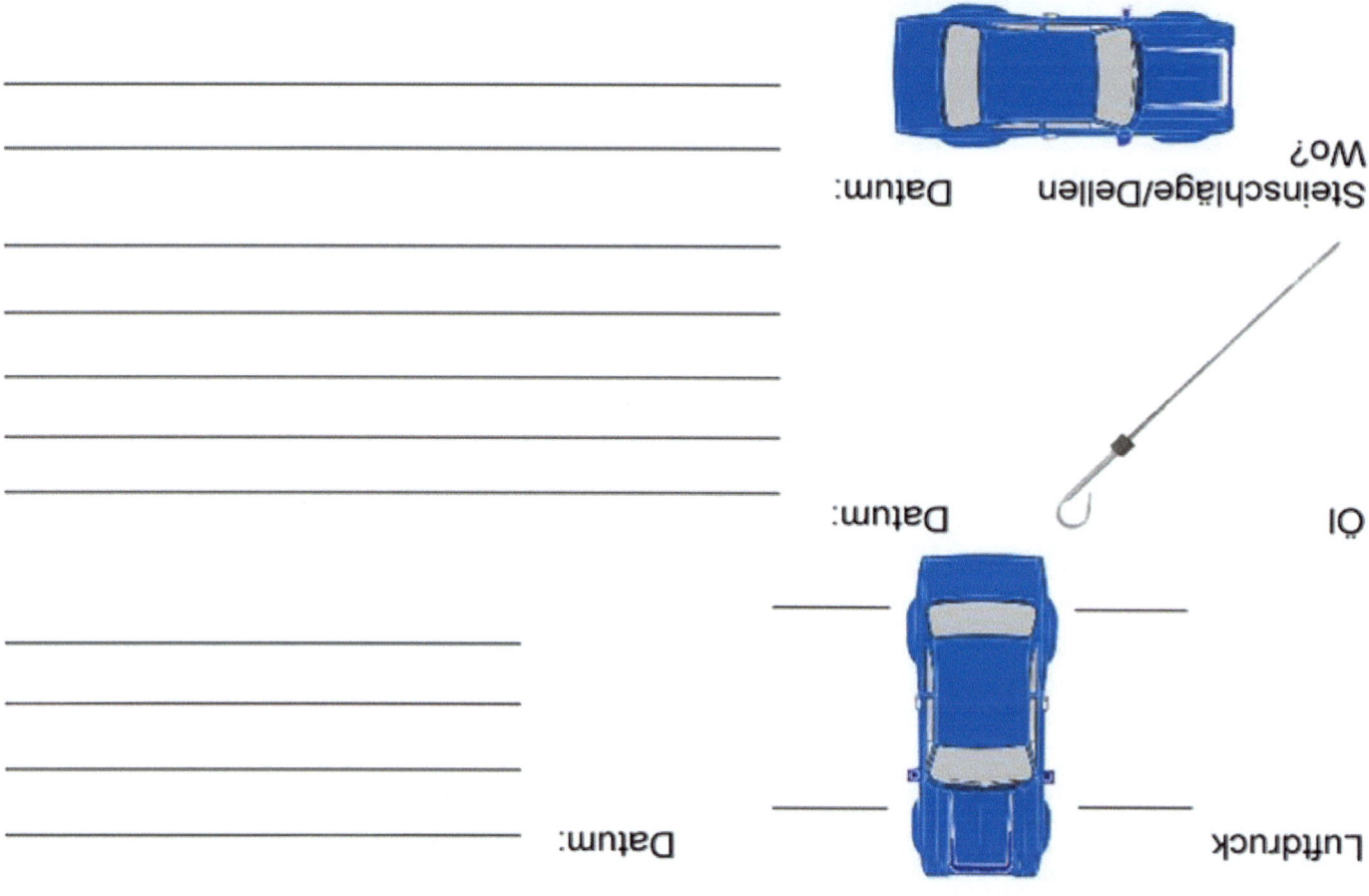

Steinschläge/Dellen
Wo?

Datum:

Öl

Datum:

Luftdruck

Regelmäßige Kontrollen:

Datum:

Datum	km	km-Stand	getankte Liter	Preis pro L	Liter pro km	Kosten pro km	Tank-kosten	Benzin Diesel		Additiv-Zugabe	Tankstelle	Reifenluft-druck

Steinschläge/Dellen
Wo?

Datum:

Öl

Datum:

Luftdruck

Regelmäßige Kontrollen:

Datum:

Datum	km	km-Stand	getankte Liter	Preis pro L	Liter pro km	Kosten pro km	Tank-kosten	Benzin Diesel	Additiv-Zugabe	Tankstelle	Reifenluft-druck

Steinschläge/Dellen Wo?

Datum:

Öl

Datum:

Luftdruck

Regelmäßige Kontrollen:

Datum:

Datum	km	km-Stand	getankte Liter	Preis pro L	Liter pro km	Kosten pro km	Tank-kosten	Benzin Diesel		Additiv-Zugabe	Tankstelle	Reifenluft-druck

Steinschläge/Dellen
Wo?

Datum: _____

Öl

Datum: _____

Luftdruck

Regelmäßige Kontrollen:

Datum: _____

Datum	km	km-Stand	getankte Liter	Preis pro L	Liter pro km	Kosten pro km	Tank-kosten	Benzin Diesel		Additiv-Zugabe	Tankstelle	Reifenluft-druck

Steinschläge/Dellen
Wo?

Datum:

Öl

Datum:

Luftdruck

Datum:

Regelmäßige Kontrollen:

_____
_____
_____
_____
_____
_____
_____
_____
_____

Datum	km	km-Stand	getankte Liter	Preis pro L	Liter pro km	Kosten pro km	Tank-kosten	Benzin Diesel	Additiv-Zugabe	Tankstelle	Reifenluft-druck

Regelmäßige Kontrollen:

Luftdruck

Datum: _____

_____

_____

_____

Öl

Datum: _____

_____

_____

_____

_____

_____

Steinschläge/Dellen
Wo?

Datum: _____

_____

_____

Datum	km	km-Stand	getankte Liter	Preis pro L	Liter pro km	Kosten pro km	Tank-kosten	Benzin Diesel	Additiv-Zugabe	Tankstelle	Reifenluft-druck

Steinschläge/Dellen
Wo?

Datum:

Öl

Datum:

Luftdruck

Datum:

Regelmäßige Kontrollen:

Datum	km	km-Stand	getankte Liter	Preis pro L	Liter pro km	Kosten pro km	Tank-kosten	Benzin Diesel	Additiv-Zugabe	Tankstelle	Reifenluft-druck

Steinschläge/Dellen
Wo?

Datum:

Öl

Datum:

Luftdruck

Datum:

Regelmäßige Kontrollen:

Datum	km	km-Stand	getankte Liter	Preis pro L	Liter pro km	Kosten pro km	Tank- kosten	Benzin Diesel	Additiv- Zugabe	Tankstelle	Reifenluft- druck

Steinschläge/Dellen
Wo?

Datum:

Öl

Datum:

Luftdruck

Regelmäßige Kontrollen:

Datum:

Datum	km	km-Stand	getankte Liter	Preis pro L	Liter pro km	Kosten pro km	Tank-kosten	Benzin Diesel		Additiv-Zugabe	Tankstelle	Reifenluft-druck

Kraftfahrzeug

SERVICELEISTUNGEN
INSPEKTIONSHEFT